Les Parois gravées et peintes

DE LA

GROTTE DE LA MOUTHE

(DORDOGNE)

AVEC DEUX PLANCHES

DEUXIÈME ÉDITION

LIBRAIRIE C. REINWALD

SCHLEICHER FRÈRES, ÉDITEURS

15, RUE DES SAINTS-PÈRES, 15

PARIS

1905

ÉMILE RIVIÈRE

LES

PAROIS GRAVÉES ET PEINTES

DE LA

GROTTE DE LA MOUTHE

(DORDOGNE)

AVEC DEUX PLANCHES

DEUXIÈME ÉDITION

LIBRAIRIE C. REINWALD

SCHLEICHER FRÈRES, ÉDITEURS

15, RUE DES SAINTS-PÈRES, 15

PARIS

1905

PRÉFACE

DE LA

DEUXIÈME ÉDITION

Certains esprits se complaisant à diminuer les recherches d'autrui au profit de leurs propres travaux, bien que venus les derniers et n'acquérant quelque valeur que de ceux qui les ont précédés, j'ai cédé aux instances de mes amis en publiant aujourd'hui, à l'occasion du premier Congrès préhistorique de France, une nouvelle édition de ma brochure sur la grotte de La Mouthe, parue en mars 1903, afin de remettre les choses au point. Je ne ferai aucune personnalité et, à moins qu'on ne m'y oblige, je me bornerai à dire : « à bon entendeur, salut ».

S'il est vrai que la découverte de grottes à gravures et peintures (Altamira en Espagne en 1879 et la grotte de Chabot en France en 1889) ait précédé d'un certain nombre d'années celle de La Mouthe, il ne serait que juste de reconnaître que leur ancienneté — je parle des gravures — était si bien contestée, si bien même niée absolument, que c'est à la mise au jour de celles de La Mouthe et à la publicité que je leur ai donnée par mes communications, soit à l'Institut de France, dont la première remonte au mois de juin 1895 — et non à 1896 comme on la rajeunit par erreur — soit à l'Association française pour l'avancement des Sciences et à la Société d'Anthropologie de Paris, que cette antiquité doit d'avoir été reconnue.

Ce n'est donc pas non plus, sous ce rapport, l'année 1902 qui a été décisive comme on le prétend, comme on s'efforce de le faire croire — chacun jugera d'ailleurs ; — elle n'a fait, en réalité, que corroborer, confirmer l'année 1895.

En effet, si nombreuses que soient les représentations animales figurées sur les parois de Font-de-Gaume et des Combarelles, c'est la stratification seule des couches, non remaniées par l'homme, qui recouvraient en partie les gravures de La Mouthe qui m'a permis de dater, dès leur découverte, leur ancienneté, par suite c'est elle qui a permis à mes confrères de dater à leur tour, ultérieurement, leurs propres découvertes, en s'appuyant également sur les belles recherches de François Daleau, qui fixent si bien aussi l'âge des gravures de Pair-Non-Pair (Gironde).

La Mouthe est la seule de ces trois grottes de la Dordogne, si je ne me trompe, où se rencontrent comme à Pair-Non-Pair les susdites couches quaternaires.

Les figurations de telle ou telle espèce animale sur la paroi d'une grotte ne disent rien en soi au point de vue de leur âge, quoi qu'on prétende, tandis que, sur des os d'animaux, trouvés en place dans un gisement, elles indiquent parfaitement, au contraire, que leur auteur était contemporain des bêtes dont il a gravé le profil. Elles ne disent rien, car elles pourraient dater d'hier, les animaux dont elles donnent le contour étant bien connus depuis longtemps par leurs restes retrouvés chaque jour dans les grottes quaternaires. D'ailleurs ces animaux (Bison, Renne, Équidé, Mammouth), sur le dessin seul desquels on s'est appuyé pour fixer l'époque à laquelle ils ont été gravés, se retrouvent à La Mouthe comme à Combarelles et à Font-de-Gaume, et y avaient été signalés par moi dès les premiers jours.

Alors......? alors il eût été de toute justice de laisser à chacun ce qui lui appartient, suum cuique, à chacun la priorité de ses trouvailles, cela ne diminuerait en rien l'intérêt des découvertes subséquentes, en rien le mérite de leurs auteurs, découvertes desquelles j'étais le premier à me réjouir, car elles venaient heureusement confirmer les premières et ne pouvaient que chasser tous doutes sur leur âge véritable dans l'esprit de ceux qui, de bonne foi, hésitaient encore à se prononcer.

Émile RIVIÈRE.

13 septembre 1905.

LES PAROIS GRAVÉES ET PEINTES

DE LA

GROTTE DE LA MOUTHE

(DORDOGNE)

Par **Émile RIVIÈRE**

Directeur de laboratoire au Collège de France,
Président-Fondateur de la Société préhistorique de France.

C'est au mois de juin 1895, par une lettre adressée au Président de l'Académie des sciences, que j'ai, pour la première fois, appelé l'attention sur la découverte de quelques dessins gravés sur les parois de la grotte de La Mouthe.

Mais avant de parler de ces figurations, je crois devoir reproduire ici l'historique des grottes à gravures que j'ai, *le premier*, publié en 1897, dans les *Bulletins de la Société d'Anthropologie de Paris* et dans les *Comptes rendus du Congrès de l'Association française pour l'avancement des Sciences* (session de Saint-Étienne).

I

La première grotte à gravures dont il ait été fait mention, que je sache, est la grotte espagnole d'Altamira, située dans la commune de Santillana del Mar (province de Santander). Sa découverte remonte à l'année 1868, mais ce n'est qu'en 1879, que Don Marcelino S. de Sautuola y aperçut par hasard, dans une seconde visite, *des peintures représentant divers animaux* et y fit alors une exploration sérieuse. L'année suivante, il en publiait les curieux résultats (1).

Peu de temps après, M. Edouard Harlé, ingénieur en chef des Ponts et Chaussées, s'y rendait à son tour, l'explorait et publiait, en 1881, dans les *Matériaux pour servir à l'Histoire de l'Homme*, une notice (2), dont la conclusion relative à l'âge des dessins est : 1° que les belles peintures du plafond sont fort récentes : « il semble probable, dit-il, qu'elles aient été faites dans l'intervalle des deux premières visites de M. de Sautuola, de 1875 à 1879 ; 2° que plusieurs autres dessins sont aussi récents ; 3° enfin que plusieurs teintes rouges à raies noires du plafond et plusieurs dessins de la paroi datent de quelque temps et non pas, tant s'en faut, de l'époque des débris (3) ».

L'année suivante (1882), au *Congrès de l'Association française pour l'avancement des Sciences*, session de la Rochelle, M. Vilanova, professeur de paléontologie à Madrid, traitant, à son tour, dans la séance du 21 août, la question des dessins d'Altamira, qu'il avait « étudiés plus d'une fois (4), chargé par le Ministre de Fomento d'une mission spéciale à ce sujet », critiquait vivement ces conclusions et, défendant son ami M. de Sautuola, soutenait qu'il n'avait été victime d'aucune supercherie. Il invoquait toute une série « d'arguments en faveur de l'antiquité vraie des dessins et peintures de la caverne d'Altamira ou Santillana ».

M. Vilanova terminait sa communication en déclarant qu'il « considérait les dessins et les peintures de Santillana comme contemporains des objets en os gravés aussi avec des pointes en silex ».

Je me bornerai à rappeler qu'il en a été de même des dessins de la Monthe, qui, tout d'abord, ont été regardés

---

(1) Don Marcelino S. de Sautuola. — *Breves apuntes sobre algunos objetos prehistoricos de la provincia de Santander.* — Madrid, 1880

(2) Edouard Harlé. — *La grotte d'Altamira, près de Santander (Espagne),* avec une planche. 1881.

(3) Sans connaître exactement les conclusions de l'étude que M. Cartailhac en a faite au mois d'octobre dernier (1902), je crois savoir que toutes ces figurations, peintures et dessins, sont aujourd'hui considérées par lui comme réellement préhistoriques.

(4) Vilanova. — *Sur la caverne de Santillana.*

aussi comme récents. De même que M. de Sautuola, j'ai été pris plus ou moins violemment à partie, voire même accusé en propres termes « de compromettre le bon renom de l'Anthropologie préhistorique (1) ».

On voulait bien reconnaître que je n'étais pas l'auteur desdits dessins, mais on disait nettement que j'étais la dupe, la victime d'un véritable faussaire. On alla même jusqu'à citer son nom. Je n'en fus, il est vrai, nullement ému et n'en continuai pas moins l'étude de la grotte, soutenant absolument l'ancienneté, l'antiquité paléolithique des dessins, envers et contre mes contradicteurs (2). D'ailleurs, dès le mois d'août 1896, la plupart de ceux qui voulaient bien visiter La Mouthe et l'étudier attentivement reconnaissaient bien vite leur authenticité, si prévenus fussent-ils contre eux avant de les avoir vus.

Mais je n'insiste pas, je tiens seulement à remercier ici la Société historique et archéologique du Périgord, dont une délégation, composée de MM. de Roumejoux, président, marquis de Fayolle, vice-président, Durand, Aublant, Ladevi-Roche et Féaux, rapporteur, venait, sur mon invitation, le 10 août 1896, étudier sur place les parois gravées de La Mouthe, je tiens, dis-je, à la remercier d'avoir, la première, déclaré entre autres choses, dans son rapport, que « la comparaison de ces dessins avec ceux si connus, que l'on retrouve sur les os et les bois de Rennes quaternaires, montre bien que ce sont les mêmes mains qui les

(1) Congrès de Saint-Étienne, 1897 (*Association française pour l'avancement des Sciences*).

(2) N'avait-on pas, d'ailleurs, soutenu autrefois que les squelettes humains que j'avais découverts en 1872, 1873 et 1874, en Italie, dans les grottes des Baoussé-Roussé, dites de Menton, étaient néolithiques, alors que dès le premier jour, je les avais affirmés, sans la moindre hésitation, paléolithiques, magdaléniens, pièces à l'appui. Pendant longtemps, il en a été ainsi, quoique j'aie protesté. Aujourd'hui, mais depuis quelques années seulement et après vingt-cinq ans de lutte, on reconnaît unanimement que la vérité était de mon côté.

Citerai-je encore les gravures des Lacs des Merveilles, au Val d'Enfer, en Italie, que je suis allé étudier en 1877, et que, à mon retour de mission, je considérais également comme préhistoriques, contre divers savants qui les regardaient comme l'œuvre de bergers de nos jours. Il a fallu que d'autres découvertes du même genre fussent faites dans une région voisine — il est vrai qu'elles n'étaient pas miennes — pour que mon opinion fût enfin admise : aimable et touchante confraternité !

ont faits et qu'on y retrouve la même hardiesse de lignes et d'attitudes parfois réellement artistiques (1).

Après Altamira, vient la grotte de Jean-Louis ou de Chabot, située dans l'arrondissement d'Uzès à Aiguèze (Gard), sur la rive gauche de l'Ardèche. Elle a été signalée pour la première fois, je crois, le 4 mai 1889, à la Société d'Anthropologie de Lyon, par M. Léopold Chiron, instituteur à Saint-Just d'Ardèche, comme présentant, sur ses parois, certains dessins gravés. L'ancienneté de ces gravures ne fut pas admise non plus à l'époque; aussi, dans une seconde note intitulée : *Le Magdaléen du Vivarais*, datée de septembre 1893 et parue dans une revue publiée à Privas (2), l'auteur revient-il sur le même sujet en quelques lignes, accompagnées de deux gravures, l'une « de la paroi de droite du rocher intérieur avec dessins entaillés, sur laquelle on voit des lignes formant le corps d'un homme, les bras pendant le long du corps et les jambes écartées »; l'autre « de la paroi de gauche du même rocher intérieur avec dessins entaillés, où l'on voit un arc tendu. Il y a ensuite tant de lignes tracées les unes sur les autres qu'il est difficile de distinguer, dit l'auteur, ce qu'on a voulu y graver. Les dessins se continuent sous une couche de stalactite de huit centimètres d'épaisseur. »

Dans cette grotte de Chabot, M. Chiron nous apprend qu'il a trouvé de nombreux « ossements de Rennes et de Cerfs » associés à « des enclumes, des percuteurs, des nucléus et beaucoup de silex prouvant qu'elle a été habitée par le type *magdaléen* », mais il ne dit pas, dans cette seconde note, s'il considère les dessins et les lignes décorant les parois comme l'œuvre des contemporains du Renne.

Mon savant collègue de la Société d'Anthropologie de Paris, le docteur Paul Raymond, « connaissait depuis longtemps ces gravures, bien connues aussi d'ailleurs des paléontologues de la région, mais pas plus autrefois qu'au-

(1) *Bulletin de la Société historique et archéologique du Périgord*, 1896, Rapport de M. Maurice Féaux, intitulé : Une excursion à la Grotte de La Mouthe, près les Eyzies.

(2) *Revue historique, archéologique, littéraire et pittoresque du Vivarais*, t. I, pp. 437-443, année 1893.

jourd'hui encore (1), il n'était fixé, dit-il, sur leur valeur et leur date d'exécution... Est-ce par les hommes qui ont habité cette grotte à l'époque de la Madeleine, que les traits curieux de ses parois ont été gravés? Je ne sais, ajoute M. Raymond. Tout ce que je puis dire, c'est que cette grotte a été habitée à l'époque magdalénienne, qu'elle ne semble pas l'avoir été pendant toute la période néolithique; qu'elle l'a été de nouveau à l'époque gallo-romaine, ainsi qu'en témoignent les objets que j'y ai pu recueillir... »

Enfin la communication de mon collègue lui ayant été suggérée par le mémoire (2) dont j'avais donné lecture à l'Académie des Sciences, dans la séance du 28 septembre 1896, sur la grotte de La Mouthe, il termine, en disant qu'il est curieux de voir dans deux « grottes magdaléniennes » celle de Chabot et celle de La Mouthe « des gravures analogues et que le rapprochement s'imposait. Je me garde bien de conclure, ajoutait-il, et ce n'est que comme pierre d'attente, que je signale cette intéressante particularité. »

Dans la courte discussion qui suivit la communication de M. Raymond, — j'ai le regret de n'y avoir pas assisté, — le docteur Capitan disait, de son côté, que « peut-être il faudrait voir, sur les gravures de la grotte de M. Raymond, deux jambes de Cheval qui rappellent celles de l'animal observé par M. Rivière (3) ».

Il s'agissait également d'un des Equidés de La Mouthe. Depuis lors, le docteur Raymond a publié un très intéressant volume sur le préhistorique dans l'arrondissement d'Uzès, dans lequel il traite, au chapitre III, la question de la grotte magdalénienne de Jean-Louis ou de Chabot (4). Après en avoir donné une description détaillée, après avoir indiqué les fouilles qu'il y a pratiquées et les résultats qu'elles lui ont fournis, il en arrive à conclure que « les traits gravés sur ses parois, traits qu'il a étudiés à nouveau, sont bien

(1) *Bulletins de la Société d'Anthropologie de Paris*, année 1896, pp. 613-615.

(2) Mémoire publié *in extenso* avec figures dans la *Revue scientifique* du 24 octobre 1896.

(3) *Loc. cit.*, p. 615.

(4) Paul Raymond. — *L'arrondissement d'Uzès avant l'histoire*, pp. 49-52.

de la main de l'homme et que leur origine intentionnelle
ne saurait être mise en doute (1). »

D'autre part, M. Capitan, ayant, au mois d'avril 1901,
« visité la grotte Chabot, sous la conduite de MM. Lombard-Dumas et Chiron, a reconnu, montré à ses guides,
puis calqué, au milieu de l'enchevêtrement des traits en
tous sens de la paroi de gauche, trois petits animaux, dont
l'un à long cou, très nettement caractérisés. De plus, dit-il, un certain nombre de grands traits, qui avaient été pris
pour des arcs, semblèrent correspondre à la figuration de
plusieurs Éléphants, ainsi que M. Lombard-Dumas l'avait
pensé... Sur la paroi de droite, il existe nettement plusieurs figures d'Équidés (2) ».

Je rappellerai également ce que je disais en 1897, touchant l'historique des grottes à gravures, dans ma première communication sur La Mouthe, à la Société d'Anthropologie de Paris : « La découverte des dessins gravés
et coloriés aux temps préhistoriques, dans la grotte de La
Mouthe, se trouve heureusement confirmée par celles de
deux de mes collègues bien connus, M. François Daleau
(de Bourg-sur-Gironde) et M. Félix Regnault (de Toulouse), dont l'attention a été mise en éveil, sur des faits
semblables, par mes diverses communications et publications sur la grotte de La Mouthe.

« En effet, M. François Daleau m'annonçait, le 2 septembre 1896, qu'il explorait, depuis plusieurs années, une
caverne quaternaire, dont les parois portent des gravures
peu déchiffrables. Le rocher, ajoutait-il, est mal éclairé,
peu dur et humide, les creux sont à peu près remplis de
terre détrempée.

« Il s'agit de la grotte de Pair-non-Pair sise dans la
commune de Marcamps, canton de Bourg-sur-Gironde
(Gironde), dont les gravures remonteraient à l'époque de
Solutré, ainsi que me l'a écrit dans sa lettre du 19 mai
1897, où, à sa réponse aux questions que je lui avais
adressées, il ajoutait que l'un des animaux gravés de Pair-

(1) Paul Raymond. — *Loc. cit.*, p. 52.
(2) *La grotte des Combarelles*, par L. Capitan et H. Breuil (*Revue de
l'École d'Anthropologie*, t. XII, p. 34. Paris 1902).

non-Pair présentait un grand air de famille avec l'un de ceux de la grotte de La Mouthe (1) ».

J'avais, du reste, cru pouvoir affirmer, dès qu'il m'eut communiqué ses premiers dessins, la grande analogie existant entre certaines gravures de nos deux grottes. D'autre part, M. Piette m'écrivait, au mois de décembre 1896, qu'il considérait les gravures de Pair-non-Pair comme appartenant incontestablement aux premières époques de la période glyptique.

Tout le monde connaît cette belle découverte de mon collègue et ami, M. François Daleau, et nul préhistorien ne saurait contester l'antiquité des gravures de Pair-non-Pair, dont chacun a pu voir les moulages à l'Exposition universelle de 1900.

Quant à M. Félix Regnault (de Toulouse), il m'écrivait, le 23 avril 1897, que « mes découvertes de peintures préhistoriques dans la grotte de La Mouthe, avaient éveillé ses souvenirs et qu'il venait de revoir une caverne (2) qui renferme des dessins à la sanguine d'animaux et d'objets indéterminés dessinés sur les parois de la dite caverne ».

Je visitais, le 6 mai 1898, la grotte de Marsoulas, sur son invitation et en sa compagnie et celle de l'abbé Cau-Durban, qui l'avait fouillée en 1883 et avait publié, en 1885, une première brochure sur les recherches qu'il y avait faites. J'examinais avec le plus vif intérêt et avec tout le soin possible les dessins et les peintures qui m'avaient été signalés par M. Regnault. Si un ou deux d'entre eux me parurent présenter, au point de vue de la gravure, quelque analogie avec ceux de La Mouthe, par contre, je fus très perplexe sur l'antiquité des peintures, je dirai même, très franchement, que d'aucunes me semblèrent, sinon récentes, du moins peu anciennes. J'avais certainement tort, puisque des nouvelles recherches qui y ont été entreprises depuis lors, ainsi que de la visite qu'y firent, au mois d'août dernier, plusieurs membres de la section d'Anthropologie du Congrès de Montauban, il

---

(1) *Bulletins de la Société d'Anthropologie de Paris*, année 1897, p. 316.
(2) La grotte de Marsoulas (d'après une seconde lettre de M. Félix Regnault du 5 juin 1897).

ressort que les dites peintures seraient, selon l'expression
même de M. E. Cartailhac, « une réédition de Altamira,
de Font-de-Gaume, etc. (1) ».

Mais j'avais été très impressionné et par la fraîcheur du
coloris rouge vif de certaines figurations et par la déclara-
tion de l'abbé Cau-Durban, qui nous affirmait n'avoir
jamais aperçu aucun dessin sur les parois de la grotte,
ajoutant aussi que, pour lui, ces peintures étaient récentes.
Enfin, M. E. Cartailhac, qui avait visité Marsoulas à
l'époque des fouilles de M. Cau-Durban, ne les avait pas
non plus remarquées. Je dois ajouter, de plus, que l'opinion de M. Adolphe Carnot, professeur à l'École des Mines
et membre de l'Institut, que j'avais prié, sur la demande
de M. Regnault, d'analyser des échantillons de la matière
colorante desdites peintures, n'était pas favorable à une
haute antiquité. Il avait constaté, en effet, qu'il s'agissait
d' « un enduit à l'oxyde de fer, sans trace de plomb et de
mercure, d'une sorte de peinture à l'eau, ayant pénétré la
roche (2) ». Enfin, je dois dire encore, pour ma défense, que
je n'avais pu pénétrer dans la grotte de Marsoulas, qu'à
une vingtaine de mètres environ de l'entrée et que nombre
de figurations, que je ne connais pas encore, ont été mises
à découvert, depuis lors, au fond de la grotte, c'est-à-dire à
60 mètres environ, à la suite, je crois, de déblais importants.

Bref, les peintures de Marsoulas sont bien de l'âge du
Renne, dont l'abbé Cau-Durban a recueilli, dans les foyers
de la grotte, des restes plus ou moins nombreux, associés
à une grande quantité de silex, à des instruments en os et
à des os et des bois de *Cervidés* gravés de traits, parmi
lesquels il faut citer — pièce des plus intéressantes —
« un fragment de côte portant une gravure d'Ovibos, dessiné d'une façon remarquable (3) ».

J'arrête ici cet historique, devant le compléter dans ma
prochaine notice sur les grottes et les stations préhistoriques du Périgord que j'ai fouillées, notamment par celui

<hr>

(1) *Association française pour l'avancement des Sciences* (Congrès de
Montauban, 1902. — *Comptes-rendus*, 1re partie, p. 246).

(2) Lettre de M. Adolphe Carnot, du 27 mai 1898.

(3) L'abbé Cau-Durban. — La grotte de Marsoulas (Haute-Garonne). —
Matériaux pour l'histoire primitive et naturelle de l'homme, année 1885,
p. 341.

de la grotte des Combarelles (1), que j'ai explorée de 1891 à 1894, et par l'exposé des circonstances qui m'ont empêché, à trois reprises différentes : d'abord en 1896, puis en mars et en octobre 1902, d'aller étudier la grotte d'Altamira.

Je ne parlerai pas ici non plus ni des rochers gravés des Lacs des Merveilles, en Italie, ni des importantes découvertes de gravures sur roches de M. Flamand et d'autres savants en Algérie.

Je les réserve également pour ce même prochain mémoire et je passe immédiatement à la grotte de La Mouthe.

II

La grotte de La Mouthe est située au hameau de ce nom, dans la commune de Tayac, département de la Dordogne.

Elle se trouve à l'altitude de 193 mètres, soit à 123 mètres au-dessus du niveau de la voie ferrée qui passe à trois kilomètres environ de là (chemin de fer de Périgueux à Agen). Elle est au sommet d'une colline boisée, d'où la vue s'étend à une assez grande distance. Creusée naturellement dans le coniacien supérieur (crétacé supérieur), elle s'ouvre par une baie demi-circulaire (2), large de 10 m 95 et haute de 3 mètres dans sa partie la plus élevée, au bord d'une sorte de cirque peu profond, cultivé généralement en vigne et maïs et dont le plus grand diamètre ne dépasse guère 180 mètres. Elle est précédée d'un petit plateau qui descend en pente douce vers le fond du cirque et dont le niveau était, le jour où je l'ai visitée pour la première fois, le même à peu près que celui de la grotte à l'entrée, par conséquent à 6 ou 7 mètres au-dessus dudit fond.

(1) *La grotte des Combarelles*, comme j'en ai parlé à l'Académie des sciences, dans les séances du 6 août et du 29 octobre 1894, et comme aussi j'en ai donné le plan dans une première notice accompagnée de dessins et d'une planche double, en 1894, au *Congrès de l'Association française pour l'avancement des Sciences*, session de Caen.

(2) Que son propriétaire avait fait fermer depuis longtemps par un mur en pierres sèches avec porte centrale, convertissant ainsi l'entrée de la grotte en une sorte d'abri pour ses récoltes de betteraves et de pommes de terre.

Enfin le hameau de La Mouthe (1), dont elle dépend, est à 300 mètres à peine du seuil de la grotte. J'ajoute, pour être aussi précis que possible, que l'orientation de celle-ci est Est-Sud-Est et que la roche, dans laquelle elle est percée, est constituée, d'après M. F. Fouqué, professeur au Collège de France, membre de l'Institut, qui a bien voulu en examiner un échantillon, par un calcaire grenu, très peu cohérent et très impur, qu'elle est mélangée d'argile et qu'elle contient des grains de quartz.

Comme je l'ai dit dans mes diverses communications, c'est le 2 septembre 1894, à la fin de ma dernière campagne de fouilles aux Combarelles et à la veille de mon départ pour Paris, que j'ai vu cette grotte pour la première fois, et c'est le 24 juin 1895, que j'en ai commencé l'exploration avec mon personnel ouvrier habituel.

A mon arrivée, la grotte était, à partir du point où l'ouverture, semblable à celle d'un four, avait été mise à découvert deux mois et demi auparavant, était, dis-je, absolument dans l'état, m'a-t-on affirmé, où cette ouverture avait été reconnue par mon correspondant de Tayac, Gaston Berthoumeyrou, le 11 avril précédent, c'est-à-dire qu'elle était encore obturée presque jusqu'à la voûte. Cette ouverture, demi-circulaire, mesurait seulement, en effet, 37 centimètres dans sa plus grande hauteur et 62 centimètres de largeur.

Les travaux que j'y ai fait faire depuis cette époque (2) m'ont permis de l'ouvrir sur une longueur de près de 140 mètres, détours non compris, sur une hauteur minimum de

(1) Ce hameau comporte treize maisons et une trentaine seulement d'habitants.

(2) L'exploration complète de la grotte serait certainement terminée depuis longtemps, si elle n'avait nécessité, dès le premier jour, et si elle ne nécessitait encore un travail formidable et, par suite, des dépenses considérables, puisqu'il s'agit de l'extraction de plusieurs milliers de mètres cubes de terre et d'argile et de leur transport hors de la grotte, dans des conditions souvent des plus difficiles.

Je dois ajouter, aujourd'hui 13 septembre 1905, que certains incidents, survenus peu après la publication de cette notice (mars 1903) dans *L'homme préhistorique*, m'ont forcé d'interrompre mes fouilles de La Mouthe pour reprendre celles de Liveyre dont, à deux reprises successives, on avait cherché à me déposséder, en insinuant d'abord, en affirmant ensuite, à ses propriétaires, que j'avais renoncé à l'étude de leur grotte, ce qui était absolument faux.

2 mètres, sauf dans quelques passages, et sur une largeur variant de 1 à 6 mètres, selon les endroits, m'étant toujours efforcé de lui garder son aspect pittoresque, par la conservation, autant que possible, de ses piliers de stalactite plus ou moins énormes.

Les résultats de ces longues recherches, de 1895 à ce jour (mars 1903), sont :

1° La constatation, à l'entrée de la grotte et sur une certaine étendue, de trois époques préhistoriques bien distinctes, nettement superposées, savoir de haut en bas :

a. — Une couche sus-stalagmitique, exclusivement néolithique, caractérisée par un foyer gris-noirâtre, renfermant une faune moderne, des morceaux de poteries noirâtres, grossières, un petit nombre de silex et deux fragments de hache polie ; j'y ai recueilli aussi des ossements humains. Ces diverses pièces se trouvent quelquefois soudées entre elles, dans une terre plus ou moins charbonneuse, le long des parois. Partout ailleurs elles sont libres et n'adhèrent pas à la stalagmite sous-jacente.

b. — Une stalagmite d'épaisseur très variable et dont la face inférieure adhère le plus souvent au foyer sur lequel elle repose immédiatement.

c. — Deux couches sous-stalagmitiques, paléolithiques ou quaternaires, superposées : la première ou supérieure formée par des foyers magdaléniens ; la seconde ou inférieure, moustérienne, mêlée d'argile.

La première a une épaisseur qui varie entre 40 centimètres, chiffre minimum, et 55 centimètres, chiffre maximum. Elle est composée d'une terre noirâtre, parfois un peu sableuse, mêlée de cendres et de matières charbonneuses en certains points surtout, où elle forme de véritables foyers. Tel est, par exemple, celui où j'ai trouvé, le 29 août 1899, la lampe en grès de La Mouthe, si curieuse par la gravure dont sa face externe est décorée — une tête de Bouquetin présentant une grande ressemblance avec celle qui se trouve gravée sur la paroi droite de la salle dite de la Hutte — si intéressante aussi par les résidus charbonneux qui ont été

retrouvés dans son godet et que M. Berthelot a analysés (1).
Cette lampe était en plein foyer magdalénien, à 17 mètres
environ de l'entrée de la grotte, non loin de la paroi gauche,
à 29 centimètres au-dessous de la stalagmite et à 14 centimètres au-dessus de la couche moustérienne (2).

Les résidus charbonneux étudiés par M. Berthelot « sont
semblables, dit-il, à ceux que laisserait la combustion d'une
matière grasse d'origine animale, mal séparée de ses enve-
loppes membraneuses, telle que le suif ou le lard. Ce serait
donc une matière de ce genre qui aurait été utilisée pour
l'éclairage de la grotte ».

La couche magdalénienne renferme une faune nettement
quaternaire avec, de temps à autre, des ossements plus ou
moins brûlés. L'étude est loin d'en être achevée, et j'attends,
pour la faire connaître, d'avoir terminé l'exploration de la
grotte et recueilli ainsi tous les restes d'animaux, Vertébrés
et Invertébrés, que celle-ci renferme.

Je me bornerai donc à citer, pour le moment, parmi les
animaux qui la constituent, les Mammifères suivants

INSECTIVORES. — *Vespertilio*, *Erinaceus*.

CARNIVORES. — *Ursus spelæus*, *Ursus* plus petit que le
spelæus, *Meles taxus*, *Canis lupus*, *Canis vulpes*, *Mustela
foina*, *Hyæna spelæa*, *Felis lynx*, *Felis catus ferus*. L'Ours
excepté, toutes ces espèces sont relativement rares à La
Mouthe.

RONGEURS. — *Castor*, *Lepus*; ce dernier est beaucoup moins
nombreux que dans la couche néolithique.

PACHYDERMES. — *Equus*, de plusieurs tailles; *Sus*, rare.

RUMINANTS. — *Cervus canadensis*, *Cervus elaphus*, *Cervus capreolus*, *Tarandus rangifer* (le Renne est l'espèce qui
prédomine dans la couche magdalénienne), *Antilope*, *Cer-*

(1) Berthelot. — Sur une lampe préhistorique trouvée dans la grotte de
La Mouthe (*Comptes rendus de l'Académie des Sciences*, séance du 30 septembre 1901).

(2) Émile Rivière. — La lampe en grès de la grotte de La Mouthe (*Bulletins de la Société d'Anthropologie de Paris*, t. X, 4ᵉ série, 1899, et t. XII,
1901).

cus dama, *Bos priscus*, *Bos* plus petit, *Capra primigenia*.

Quant aux Oiseaux, les restes en sont rares, et je ne les ai pas encore déterminés, non plus que les Mollusques, qui sont aussi très peu nombreux. Je citerai, parmi ces derniers, les espèces *Nassa* (l'une d'entre elles, *Nassa neritea*, a été percée d'un trou pour être portée comme bijou ou amulette). *Patella* et quelques coquilles fossiles genre *Rhynchonella* et *Terebratula*.

L'industrie du silex dans cette couche sous-stalagmitique supérieure est franchement magdalénienne ; les grattoirs y sont relativement rares, les lames, par contre, y sont nombreuses et de toutes dimensions ; les plus grandes atteignent 15, 16 et 17 centimètres de longueur. Nombreux aussi sont les burins et de dimensions également très différentes ; quelques-uns d'entre eux sont très gros et, bien en mains, ils peuvent avoir servi aux artistes préhistoriques qui ont décoré les parois de la grotte. J'ai recueilli aussi, dans cette même couche, de très jolies pointes et pointerolles, ainsi que quelques belles pièces solutréennes mêlées à l'ensemble magdalénien.

Les instruments et les armes en os, entiers ou cassés, ne sont pas nombreux. Je me contenterai de signaler, sans entrer dans une description que je réserve pour la monographie que je publierai, lorsque mes fouilles seront terminées : une très belle épingle, très fine, presque entière, longue de 18 centimètres ; deux petites flèches entières, très bien faites, longues respectivement de 4 et 5 centimètres (l'une d'elles est striée à la base de nombreux traits) ; une série de pointes, poinçons, pointes de sagaies et autres ; quelques fragments d'aiguilles. Je citerai aussi deux ivoires, taillés comme outils : l'un d'eux, orné de nombreux traits gravés, présente un certain renflement sculpté et arrondi. Enfin je ne dois pas oublier un petit fragment d'ivoire, long de 56 millimètres, épais de 11 millimètres et large de 17 millimètres, qui présente quatre faces à peu près planes, dont la plus longue, d'un blanc laiteux, est gravée de neuf traits, plus ou moins parallèles et dirigés perpendiculairement au bord le plus long de cette petite plaque (1).

(1) *Bulletins de la Société d'Anthropologie de Paris*, année 1897, pp. 485, 486.

Quant aux os gravés, ils forment une petite mais intéressante série par la disposition des traits qui les recouvrent. Sur l'un d'eux, il semble qu'on ait voulu représenter des têtes d'Équidés. J'ai trouvé aussi un fragment d'os d'Oiseau extrêmement mince formant une sorte de cylindre creux, dont la face externe est ornée, sur tout son pourtour, de traits profondément gravés.

Enfin, je dois encore mentionner : 1° deux phalanges de Ruminants — le Renne probablement — percées d'un trou, permettant de s'en servir comme sifflets ; 2° deux petites pendeloques, l'une en os, l'autre en pierre ; six dents canines de Renne, une dent incisive de Bovidé ; une dent canine de Canidé, probablement le *Canis vulpes* ; deux phalanges d'Ours. Toutes ces pièces ont été percées intentionnellement pour servir de pendeloques (bijoux ou amulettes).

La couche moustérienne, qui fait suite aux foyers magdaléniens dont je viens de parler, n'a pas le caractère intact de ceux-ci ; elle a été dissociée ou remaniée en partie par les eaux qui ont amené les argiles rouges dans la grotte de La Mouthe, de là leur aspect moins cendré mais plus brun, souvent même rougeâtre et argilo-sableux.

La faune y est surtout représentée par l'*Ursus spelæus*, dont j'ai recueilli, ainsi que dans certaines couches purement argileuses, nombre de dents, des ossements divers, des mandibules entières ou brisées. J'ai mis à découvert aussi, dans ladite argile, plusieurs têtes d'Ours provenant d'animaux d'âges très différents. La faune y est aussi caractérisée par l'*Hyæna spelæa*, dont j'ai trouvé également des mandibules, des dents et surtout une grande quantité (plus d'une centaine) de coprolithes ; elle comporte enfin quelques restes du Renne. Je dois citer encore un petit fragment de dent de *Rhinoceros*, ainsi qu'un gros fragment de dent d'*Hippopotame* (très probablement), recueillis dans l'argile rouge.

Quant à l'industrie, elle est tout à fait moustérienne ; un grand nombre de silex ont été roulés par les eaux, comme en témoigne l'usure des arêtes ; nombre d'entre eux néanmoins sont encore fort beaux. Plusieurs belles pièces chelléennes s'y trouvent mêlées ; je signalerai, entre autres, une pièce mince, très peu bombée, bien retaillée sur ses deux faces, mesurant 15 centimètres de longueur sur 9 centimètres dans sa plus grande largeur. Sa pointe est intacte. Cette pièce se trouvait à 14 mètres environ de l'entrée de la grotte, dans un foyer brun noirâtre, à 80 centimètres au-dessous de la stalagmite, associée à des restes d'animaux, dont l'Ours et le Renne.

Enfin, au-dessous de la couche moustérienne remaniée ou dissociée et en contact immédiat avec elle, on trouve, vers l'entrée de la grotte, une argile parfois un peu sableuse, généralement très belle, d'autant plus pure et d'une épaisseur d'autant plus considérable qu'on pénètre plus avant dans la grotte.

Elle est, en général, extrêmement pauvre, si ce n'est en quelques points, en débris d'animaux et en silex. Elle ne renferme pas de coquillages. C'est cette argile qui recouvrait en partie, nombre des gravures des parois de la grotte, dont il me reste à parler.

III

Sauf quelques traits gravés çà et là, tout à fait à l'entrée de la grotte, sur la paroi gauche, et que je n'ai reconnus que récemment, tant ils étaient recouverts d'une sorte de mousse, et à force d'examiner la roche sous un fort éclairage avec des lampes à acétylène, ce n'est qu'à une grande distance de l'ouverture qu'on aperçoit les premières gravures qui décorent les parois.

Le premier panneau de La Mouthe, ainsi illustre, est situé à 93 mètres ; il comprend à la fois la voûte et la paroi gauche ; les animaux qui y sont représentés sont de grande taille. Mais le travail de calque n'en étant pas encore terminé en ce moment, je citerai seulement, parmi ces dessins, celui d'un animal mesurant, du museau à l'extrémité de la queue, 1 m 88 de longueur. Le moulage, qui en a été fait par ordre du Ministère de l'Instruction publique, figurait à l'Exposition universelle de 1900, dans la galerie du palais du Trocadéro réservée à l'Anthropologie. Il appartient à la Commission des Monuments mégalithiques, à qui j'en ai fait don, dès la fermeture de l'Exposition, avec les moulages également du Bison et de l'un des Ruminants tachetés.

Le second panneau décoré (Pl. 1) est celui de la salle du Bison (1), située à 97 mètres de l'entrée de la grotte. La longueur de la muraille est de 5 m 02, la partie décorée mesure 3 m 53 de longueur sur 1 m 75 de hauteur. Les animaux représentés sont au nombre de six.

Ce sont, de gauche à droite et en bas, deux animaux enchevêtrés, comme on le voit fréquemment sur les os gravés qu'on trouve dans les grottes de la même époque. L'un d'eux est informe, mais ses membres postérieurs, les seuls qui soient dessinés, semblent être ceux d'un Équidé ou d'un Ruminant ; l'autre d'un dessin plus accusé, avec ses cornes nettement gravées, paraît être un Bovidé ; de ses quatre pattes, celles de devant sont seules figurées, le flanc droit est strié de quelques traits entrecroisés, dont deux se prolongent au-dessous du ventre.

La gravure de ces deux animaux mesure 90 centimètres environ. Elle est surmontée de quelques traits figurant le train de derrière, très bien dessiné, d'un autre animal, mais insuffisants pour déterminer l'espèce à laquelle il appartient.

Par contre, on aperçoit, en avant des deux bêtes enchevêtrées, un Bison remarquablement figuré avec sa bosse énorme, exagérée, sa tête petite et ses cornes bien accusées comme celles du Bovidé dont je viens de parler.

Quant aux deux autres gravures de cette même paroi, la plus éloignée est celle d'un animal n'ayant pas de tête ou, si celle-ci existe, le dessin en est si fruste ou si effacé, que je n'ai pas pu la distinguer nettement, quelque soin que j'aie mis à la découvrir. L'animal qui le précède est incomplètement figuré, cependant la tête présente une assez grande ressemblance avec celle d'un Félin, malgré certain petit appendice, qui se trouve presque au sommet du crâne et peut être aussi bien considéré comme une corne rudimentaire que comme une oreille dressée.

Sur ce même panneau, on remarque encore quelques traits

(1) J'ai dénommé les différentes salles de la grotte d'après le principal dessin qui les décore.

gravés çà et là, ainsi qu'un frontal de Ruminant, surmonté de ses deux cornes incurvées.

Le troisième panneau de la grotte de La Mouthe, celui de la salle de la Hutte (Pl. II, fig. A), est situé à 16 mètres du premier, soit à 113 mètres de l'entrée, sur la paroi droite, tandis que le précédent se trouve sur la paroi gauche. Il présente tout d'abord un Renne — il est certainement, de tous les dessins découverts jusqu'à présent, le mieux réussi — la tête, « d'un très joli dessin, est toute striée d'une foule de traits paraissant simuler des poils ; elle est surmontée d'un bois avec son andouiller de la base dirigé horizontalement d'arrière en avant. Les contours du museau sont bien accusés, mais le corps est un peu court (1) ». Du reste, il est à remarquer que, même sur les animaux les mieux dessinés, les proportions ne sont jamais observées : tel animal a la tête trop petite ; tel autre, le corps trop volumineux ou trop court ; tel autre encore, les membres trop grêles. Néanmoins « la représentation de tous ces animaux, pour ainsi dire, est assez fidèle pour qu'on ait la certitude que les artistes, qui les ont dessinés, les ont eus sous les yeux. Cette conclusion est des plus importantes, car elle confirme une fois de plus l'antiquité de ces gravures, dont les auteurs ont été, sans aucun doute possible, les contemporains de ces animaux (2).

Les autres dessins de ce même panneau représentent : un Bouquetin dans l'attitude de la course ; un Mammouth dépourvu de trompe et de défenses, mais aux longs poils tombant ; une tête de Bovidé, une sorte de cabane ou de Hutte, l'unique représentation jusqu'à présent, que je sache, d'une habitation de l'homme à l'époque magdalénienne.

Elle est figurée de trois quarts, de façon à en laisser voir l'ouverture. Le dessin en est à la fois gravé et strié et, de plus, colorié en rouge plus ou moins brun foncé, parfois même noir comme le tachetage des Ruminants du quatrième panneau. L'extrémité antérieure du toit est précédée de

---

(1) Marcellin Boule. — *Les gravures et peintures sur les parois des cavernes.* (*L'Anthropologie*, 1901, p. 612.)

(2) Émile Rivière. — *Les parois gravées et peintes de La Mouthe, formant de véritables panneaux décoratifs.* (*Comptes rendus de l'Académie des Sciences*, séance du 19 janvier 1903.)

trois chevrons, également coloriés en rouge brun. Enfin on aperçoit à l'extrémité de ce panneau, long de 5 à 6 mètres, un sorte de Ruminant à la tête assez fine, pourvue de ses oreilles, mais dégarnie de tous bois ou cornes ; la partie antérieure du corps est sillonnée de nombreuses stries verticales. Derrière cet animal sont des traits, en *apparence* fraîchement gravés, que j'ai mis à découvert sous l'argile, en présence de plusieurs savants du Congrès de Montauban.

Quant au quatrième panneau ou panneau de la salle des Ruminants tachetés (Pl. II, fig. B), il commence à environ 130 mètres de l'entrée de la grotte et s'étend sur une longueur de 8 mètres. Les dessins sont, de droite à gauche, ceux, tout d'abord, d'un Ruminant, la tête baissée vers le sol, comme s'il broutait ; puis, au-dessus et en avant, d'un Équidé (peut-être une Hémione) à la course, la tête est fine et bien dessinée, le corps, par contre, est un peu disproportionné. Derrière cet Équidé se trouve un Mammouth — le second qu'on aperçoive gravé sur les parois de la grotte ; — cette fois on distingue bien la trompe et les défenses recourbées. L'animal est surmonté d'un Équidé barbu, dont la tête, seule, est bien représentée et dont le corps est uniquement figuré par la ligne dorsale, et l'arrière-train par une série de traits obliques de haut en bas et d'avant en arrière, simulant probablement les crins de la queue. A peu près au même niveau, on remarque une tête, à la crinière hérissée, aux oreilles droites, qui paraît être encore celle d'un autre Équidé.

Enfin, à 80 centimètres environ du Mammouth, on aperçoit deux animaux se faisant suite, tous deux dans l'attitude du repos : le premier est peut-être une Antilope, aux pattes antérieures projetées en avant comme raidies ; sa tête est d'un dessin trop fruste pour avoir pu être calquée fidèlement — aussi n'ai-je pas cru devoir la reproduire ici ; — elle est renversée en arrière ; il semble qu'elle soit surmontée de cornes assez longues, reposant presque sur le dos. Le corps est bien dessiné, surtout la bosse, la croupe, l'arrière-train et les membres postérieurs, quoique les proportions n'en soient pas parfaitement observées.

Les pattes de derrière sont non seulement gravées, mais encore, en partie, coloriées en brun presque noir, notamment au niveau des articulations et des sabots. La queue, très courte (6 centimètres), est relevée et formée par une touffe de poils. Enfin ce qui appelle surtout l'attention, c'est une série de taches, noirâtres aussi, qui s'étendent, au nombre de onze, sur une seule ligne et à des intervalles à peu près égaux, sur le flanc gauche et sur le tronc. J'ajoute que le ventre, très proéminent, semble être celui d'une femelle pleine, il est strié de nombreux traits horizontaux.

Quant au second animal, tacheté comme le précédent de quinze marques disposées également sur une même ligne, il ne mesure pas moins de 1ᵐ 27 de longueur sur 1ᵐ 08 de hauteur. La tête est aussi bien celle d'un Bovidé que celle d'un Renne, malgré les quelques traits qui la surmontent.

Tels sont les trois panneaux décoratifs de la grotte de La Mouthe, dont j'ai pu terminer récemment l'estampage ou le calque, avec la collaboration de M. Georges Courty, attaché au Muséum d'histoire naturelle de Paris, qui a bien voulu m'aider dans ce travail. (Quelques-uns des dessins qui y figurent avaient été calqués aussi pour moi par M. Breuil, au mois de septembre 1900.) J'ai présenté ces trois panneaux, pour la première fois, à l'Académie des sciences, dans la séance du 19 janvier dernier, puis à la Société d'Anthropologie de Paris, le 19 février suivant. C'est aussi pour la première fois qu'ils se trouvent reproduits aujourd'hui par la photogravure. Les dessins sont représentés au 1/20 environ de leur grandeur ; la distance qui sépare chacun d'eux y est fidèlement observée.

J'ajoute que tous les animaux qui figurent sur les trois panneaux décoratifs de La Mouthe (reproduits sur les planches ci-jointes) ainsi que sur le panneau le plus rapproché de l'entrée de la grotte, ont tous été dessinés de profil sur la roche et que, si certains d'entre eux sont d'un très beau dessin, d'autres, par contre, sont d'une facture qui laisse fort à désirer. Il semble donc qu'ils ne sont pas l'œuvre d'un seul et même artiste, mais bien celle de plusieurs de ces graveurs préhistoriques, qui vivaient aux temps magdaléniens.

Nous avons estampé encore d'autres animaux, M. Courty et moi, mais mon travail de décalque ou report n'est pas assez avancé pour que je m'en occupe ici aujourd'hui.

Il ne me reste donc plus à parler maintenant, avant de terminer, que de la ou des matières colorantes qui ont servi à peindre au frottis certaines gravures de La Mouthe, celles des animaux tachetés qui figurent sur la planche II.

J'avais pensé que ces peintures avaient été exécutées à l'aide d'une matière ocreuse, analogue à celle qu'on rencontre en abondance dans les parages de la grotte. Il n'en est rien : il s'agit d'un oxyde de manganèse, tout au moins pour les deux Ruminants tachetés de la salle du fond, car la teinte des stries coloriées de la Hutte est, en général, moins noire. Elle est même plutôt d'un brun, toujours foncé il est vrai, mais un peu rougeâtre, comme si de l'oxyde de fer avait été mêlé au manganèse. Il en est de même des trois chevrons dessinés au-devant de cette hutte et près de son sommet.

C'est ainsi que, persuadé que j'avais affaire à une seule et même matière, à une substance ocreuse dans les deux cas, aussi bien pour la Hutte que pour les Ruminants tachetés, je m'étais borné à prendre, sur l'un de ces derniers, un peu de leur peinture, afin de la soumettre à l'examen de M. le professeur Henri Moissan, membre de l'Institut.

Je compte réparer cette lacune, par une nouvelle analyse chimique, lors de ma prochaine campagne de fouilles à La Mouthe.

En attendant, je tiens à reproduire ici les résultats de l'étude que l'éminent chimiste a bien voulu faire sur ma demande et qu'il a communiqués à l'Académie des Sciences, dans la séance du 19 janvier dernier, à la suite de ma propre communication, étude pour laquelle je le prie de vouloir bien agréer ici, de nouveau, tous mes remercîments.

Voici la note de M. le professeur Moissan.

IV

SUR UNE MATIÈRE COLORANTE D'UNE FIGURE DE LA GROTTE
DE LA MOUTHE (1)

M. Rivière, qui poursuit depuis longtemps des recherches anthropologiques au moyen des matériaux recueillis dans la

(1) Henri Moissan. — *Comptes rendus de l'Académie des Sciences*, t. CXXXVI, 1903, p. 144.

grotte de La Mouthe, a bien voulu nous remettre un échantillon d'une matière colorante noire provenant d'un dessin gravé sur la paroi de cette grotte et remontant à l'époque magdalénienne.

Ce dessin, assez grossier, représente un Ruminant portant des taches noires. Ces dernières sont formées par des stries sur lesquelles la couleur a été étendue. Il se trouve à une distance de l'entrée d'environ 138 mètres.

Cette matière colorante, examinée au microscope, est formée d'une poudre à grains très irréguliers, mélangés de petits fragments brillants et transparents. Ces derniers sont formés de parcelles de silice et de parcelles de carbonate de chaux. La poudre noire est irrégulière, elle a été obtenue par contusion, elle est entièrement formée d'oxyde de manganèse. Cette matière colorante est donc analogue, par sa nature, avec celle de la grotte de Font-de-Gaume, sur laquelle MM. Capitan et Breuil (1) ont déjà appelé l'attention des savants. Seulement, elle a été préparée avec beaucoup moins de soins.

Nous ajouterons que M. Rivière nous a présenté, en même temps, des surfaces calcaires dont certaines parties, sous l'action des eaux, ont été recouvertes d'un dépôt irrégulier de sesquioxyde de fer hydraté, et dont l'aspect était complètement différent de celui des couleurs fixées par la main de l'homme sur une fresque primitive.

De même, une dent canine d'*Ursus spelæus*, qui nous a été remise par M. Rivière, était recouverte d'un enduit noir brillant, très peu épais, ayant l'aspect de la plombagine et n'ayant pas la matité de la couleur noire décrite précédemment. Cette couche noire, superficielle, était formée d'oxyde de manganèse. La formation de cet enduit doit être attribuée à un dépôt d'oxyde de manganèse sous l'action d'une eau contenant une petite quantité de ce métal en solution, dépôt peroxydé ensuite par l'oxygène de l'air. Nous devons rappeler, à ce sujet, la remarque faite par Boussingault à propos de galets noirs rencontrés sur la côte de la Guayra au Venezuela (2). On sait qu'il en est de même pour certains

(1) *Comptes rendus de l'Académie des Sciences*, t. CXXXIV, 1902, pp. 1536 et 1539.

(2) Boussingault. — Sur l'apparition du manganèse à la surface des roches (*Ann. de Chimie et de Physique*, 5e série, t. XXVII, 1882, p. 289).

granites de l'Orénoque, pour des syénites des bords de la Mer Rouge et pour quelques roches cristallines du Congo. Ce phénomène est identique à celui qui a été indiqué par George Campbell à propos de dents de Poissons fossiles trouvées au fond des mers, auprès des Açores et des Philippines, dans l'expédition du *Challenger* (1).

Ce vernis noir ne saurait être confondu avec la matière colorante formant les taches du Ruminant de la Grotte de La Mouthe.

(1) Voir aussi Gümbel. *Jahrb. für Mineral.* 1878.

PLANCHE I

Grotte de la Mouthe (Dordogne), salle du Bison.

www.ingramcontent.com/pod-product-compliance
Ingram Content Group UK Ltd.
Pitfield, Milton Keynes, MK11 3LW, UK
UKHW022327170726
13837UKWH00005BA/2155